옛길시집 ①

상 현 달
신중신

출판사 **옛길**

시인의 말

　많은 사람들이 이미 말한 바 있다. 시란 독창적인 발상을 생동하는 언어로 맛깔스럽게 펼쳐 보인 예술작품이란 것. 폭넓게 공감을 얻는 것도 좋겠지만, 그보다는 시의 격조를 드높이려는 노력에 의해 오래 회자됨의 가치를 중시해야 할 것이란 천명 말이다. 그렇다면 시가 지닌 본질적인 가치를 추구하기 위해선 어떤 자세로 시작에 임해야 할까? 시인은 이런 자문을 수없이 거듭해야 할 숙명에 얽매여 있는 사람이다.

　오늘날처럼 시편이 대량으로 양산되고, 시 창작이 대수로울 바 없는 여가 취미로 받아들여지는 풍토에서도, 시라는 이 문예 장르의 속성이 결코 훼손당하지 않고 어느 시대에나 그 본령으로서 빛을 발할 것이다. 이런 믿음만이 나에게는 희망이요, 삶을 지탱하는 힘이었음을 새삼 감사하게 생각한다.

2015년 새봄에
신중신 삼가

‖ 차례 ‖

시인의 말

제 1 부

금빛 새 떼

금강초롱 / 10
마을 점경(點景) / 12
유대(紐帶) / 13
연어 / 15
잠 / 17
측은지심 / 19
벌새에 관한 경구시(警句詩) / 20
올무에 대하여 / 22
둥지 / 23
브라보 뱁새 / 25
굿모닝 티티새 / 27
파이팅 딱따구리 / 29
원더풀 가창오리떼 / 31
나이스 검은목두루미 / 33
참나무 그늘에서 / 34
태풍경보 후 / 36
낙엽 송(誦) / 38

제 2 부

오늘 부르는 노래

조짐 / 40
물을 노래함 1 / 41
물을 노래함 2 / 43
오늘 부르는 나의 노래 / 44
세상은 역시 둥글구나 / 45
별똥별 / 46
낙산 해변 / 48
미시령 지나며 / 50
불가지(不可知) / 52
가을 갈피를 뒤적이다 / 53
불가촉천민 / 55
정적 -임진강 시편 1 / 56
귓속말 -임진강 시편 2 / 58
임진강 가에서 -임진강 시편 3 / 59
기억 속에서 -임진강 시편 4 / 61
여울 -임진강 시편 5 / 63

제3부

어디서 뭉그적대나?

우리 곁의 우화 / 66
빨간 우체통 / 67
복사꽃 필 무렵 / 69
그때 알았어, 오고 있는 꽃을 / 70
상사별곡(相思別曲) / 72
상현달 / 73
일촉즉발 / 75
애달픈 사랑노래 / 77
섬 그림자 / 78
이면(裏面)으로 / 79
창덕궁 소경(小景) / 81
뗏뗴굴 -생에 관한 다각적 인식 1 / 82
무인도가 있어 -생에 관한 다각적 인식 2 / 83
기상이변 앞에서 -생에 관한 다각적 인식 3 / 84
곤두박질 -생에 관한 다각적 인식 4 / 86
해진 뒤 -생에 관한 다각적 인식 5 / 87

제4부

마음의 물무늬

신새벽에 쓰는 시 / 90
향수 / 92
영산에서의 전언통신 / 94
단경왕후(端敬王后)의 짧고 행복한 한때 -단경왕후 시편 1 / 96
단경왕후 생시 여느 하루 -단경왕후 시편 2 / 98
봄날, 폐비 아뢰옵기를 -단경왕후 시편 3 / 100
폐서인(廢庶人) 중년기의 독백 -단경왕후 시편 4 / 102
저녁나절 일경(一景) -단경왕후 시편 5 / 104
묘비명 -단경왕후 시편 6 / 106
노을 앞에서 / 107
하현달 / 109
심경 / 110
흐린 날 / 112
삽화 1 / 114
삽화 2 / 116
청자모자원형연적 / 117
세모에 서서 / 119
〈시작 노트〉생에 관한 다각적 인식 / 시 쓰기와 살아감의
딜레마/〈단경왕후〉 연작시에 대해 / 121

제1부

금빛 새 떼

금강초롱

상원사 가까운 산기슭서
초롱꽃 세 낱을 층층으로 피워 올린
한 줄기 여린 꽃대와 마주치다.

저토록 끼끗한 모양을 빚어내기 위해서는
몇 철을 내내 밤이슬에 씻겨야 하고
세상 어디에도 없던 색감과 향기를 뿜어내기까지
얼마나 새벽 범종소리를 들어야 했던 걸까?

높이 날면 미래를 바라보려니 하는 기대와
빨라야만 행운을 움켜쥐리라는 사람 마음에
샘물 한 모금 내밀듯

금강초롱 한 층이
무량정천(無量淨天) 석탑 한 층과 무에 다르며
사뿐히 내걸린 저 같은 가벼움인들
우리가 이승에서 감당하는 무게와 어찌 다르랴.

잡목림 우거진 산길을 오른 참에
샛말간 생김새 그대로 꽃송이를 매단
물빛 금강초롱꽃을 보다.

마을 점경點景

암탉이 먹이 찾아 두리번대는 사이
옹기종기 곁에 붙은 병아리들은
마당에 널린 햇살을 쪼아대느라 종종걸음을 친다.
나뭇가지는 남쪽으로 뻗은 것만이 튼실하다.
그늘이 낯선 병아리들은 해 떨어지기 전
노란 부리 재게 놀려 내일을 물고 붙잡으려 야단들이다.
이윽고 날은 저물고
우리네 마을에는 어둠이 이불처럼 덮이고,
암탉이 하룻밤 근기를 얻고자 모래알을 삼킬 때
병아리들은 밤하늘의 금싸라기를 쪼다가 눈이 감긴다.

유대 紐帶

모래톱에서 문이 열린다
여기저기서 꼼지락거린다
사리 때, 바다 자궁이 부풀고
바다거북 새끼들이 뿔뿔 기어나와
거품 잦아드는 쪽으로 한사코 내닫는다.

조수가 스멀스멀 밀려드는 밤,
찰리 채플린의 젖먹이 같은
별들의 조막손 새끼거북이
대양의 저 음험함 속
어두운 심연을 향해 허겁지겁 몰려들 간다.

달빛에 젖으며
아장걸음으로
기를 쓰는…

중동의 사내가 실눈을 뜬 채 구레나룻을 꼬고
내란 와중의 청상과부가 울음을 그친다

찢겨 펄럭이던 군기며
풀잎 위의 바람도
숨을 멈춘다.

연어

연어가 돌아오고 있습니다 어머니
대양의 달빛 아래 거친 해류를 누벼 이
허리 동강난 땅 작은 지천에 산란키 위해
거슬러 올라오고 있습니다 어머니의 세월같이

연어는 허기진 채 얕은 물길 자갈에 긁혀가며
기진맥진 돌아왔습니다 어머니의 깊은 주름살
푸르무레한 눈동자 온몸 퍼덕거려
개울 바닥에 고랑을 짓습니다 기력 다 쏟아부어

어머니
오늘도 서녘하늘 우련 붉게 물듭니다

무릇 목숨이란 분홍 꽃빛 수천 개 중 하나로 태어나
서
수천 푸른 생명이 하나같이 죽어가는 것입니까

탄생과 죽음이 모태에서 이어지는

저 인연의 고리를 보셔요 낱낱의 널브러진 꿈
이승의 고해를 지친 연어처럼 건너와
큰 한숨 고랑을 지었던 우리 어머니

잠

눈밭에서 깡충깡충 뛰는
눈덧신토끼여, 달려라 달려라
매서운 참매가
가문비나무 위 둥지에 있다!
고함을 지르려 했으나
대신 주먹만 불끈 쥐었나보다.

하늘에서 전폭기가 내리꽂히던 날
어린 나는 엉겁결에
피난지 집 텃밭의
어둑한 토란잎 밑으로 기어들었었다.
외마디 비명조차 지르지 못한 채
휘둥그레졌을 내 눈은
눈덧신토끼 빨간 눈빛이었으리라.

– 숲은 고요할 때가 항상 막전(幕前)이다

그 짧은 봄이라도 맞으려면

여러 날을 속절없이 기다려야 할 철,
보호색으로 자신을 감싼
비보호 개체 눈덧신토끼가 두리번댄다.
난 황급히 토란잎 밑에 몸을 숨긴다
무성영화 같은 잠 속에서.

측은지심

 타조가 메마른 땅에서 보잘것없는 먹이를 쪼아 먹고서도 큼직하고 단단한 알을 여럿 낳아놓은 걸 볼라치면 생뚱맞게 부아가 치밀어 오른다. 알을 품고 있는 타조는 깨어날 새끼가 저 자신처럼 고단한 먹이활동과 포식자에게 쫓겨다닐 팔자란 걸 까맣게 모르는 양 부화에 지극정성을 다 쏟는다.

 흙먼지 풀풀 이는 사바나에서 타조가 투박한 다리를 재게 놀려 내닫는 일상 안간힘을 보노라면 까닭모를 짜증이 울컥 솟구친다. 진종일 시방을 두리번거리면서 쏘다녀봤댔자 평화로운 호숫가, 금빛 수선화 펼쳐진 초지를 만날 수 없다는 걸 잊기라도 한 양 목을 빼고 불타는 저녁놀을 바라본다.

 지상의 가장 큰 새가 물기 촉촉한 눈망울로 자신의 하루, 하루의 길을 되돌아본다.
 가는 목덜미가 흔들린다.
 밤이 내린다.

벌새에 관한 경구시警句詩

벌새야
아주 적은 꿀을 얻기 위해
꽃에 붙어서 날갯짓을 수천수만 번
거듭하는 벌새야
아주 작은 날개를 퍼덕여
신이 허락한 공간에서 일용할 양식을
구하는 벌새야

안간힘 다한 먹이활동으로 얻은 그게
꿀이냐, 꿀맛이냐?

너의 잰걸음, 가당찮게 긴 부리며
파르르 떨어서
겨우 지탱하는 비상이며
매순간 가파른
벼랑 끝 몸놀림

한데, 벌새 날갯짓을 두고

자발머리없다며 눈살 찌푸리는,
그 하루의 노동을
시뻐 여겨 코웃음 치는…
오! 사람 생각의 가벼움과
저 벌새 하루의 무거움과…

올무에 대하여

재앙은 들이닥쳤을 때 현실이 된다. 올무!
관계를 확연히 거덜을 내고 마는 게 저것 말고
또 뭐가 있을 것인가?
천사도 눈살을 찌푸릴 밖에 없는 딱 하나
올무를 놓는 손. 생명 개체의 자유와 존엄을 옭아매는
철사 줄보다 강인하고
꼰 나일론 줄보다 질긴…
사람의 눈이 어두워 못 보는 때가 있을지라도
사물을 공정히 재는 눈금은 활활 타오른다.
– 안돼! 영원히 용서받지 못할 그건 안돼!
두리번거리며 밤으로 가는 혼자걸음, 마침내
뜨거운 심장에 대못을 박고
바작바작 타는 생명, 절체절명의 매 순간을
소금으로 절이는 저것.
그러고도 마을에 돌아와선 집안 제사를 드리는
시커먼 마음의 구덩이
펄떡이는 심장을 결판내는 저것, 올무!

둥지

아카시나무 위 둥지 하나,
허술하고 성글지만
지친 날갯죽지한텐 저기가 침상이며 성채다.

저 보금자리
휘몰아치는 눈보라는 먼저 맞는다.
겨울 길목 찬 서리를 온몸 속살로 받는다.

비그으면 궂은 밑자리
할딱거리는 체온으로 말린다.

별빛 아래선 반석 위 요람이나
폭풍 들이치면 삭정이 낟가리일 뿐인,

허허로운 둥우리가
저물녘
오보에 한 소절로 언저리 풍경을 물들인다.

앙상한 나뭇가지 위
소슬한 한 채 누옥(漏屋),
나자렛 예수의 요새 같은 둥지 하나.

브라보 뱁새

 붉은머리오목눈이는 둥지에 작은 담청색 알들을 모두 부화시켰다

 빼곡 찬 여섯 새끼 노랑부리가 시시때때 찢어져라 아우성쳐대므로 어미새는 한낮 풀숲을 예순 번은 들랑거린다

 앙증맞은 몸집 바지런한 날갯짓으로 잽싸게 나다닌다

 새끼 주둥이는 통절한 본능이면서 다투어 피는 꽃의 형상 만발의 형용이다

 뱁새 붉은머리오목눈이는 황새가 꿈도 꾸지 못할 재롱둥이를 여섯이나 키워내는 동안, 늘 안달복달하는 먹성 앞에서 새까만 눈망울은 천연스럽기 그지없다

 이럴진대 올해 밭작물은 잘 자라고 밤이 헹궈낸 도시

위로 불그레한 태양이 불끈 솟구쳐 오를 건 불 보듯 뻔하다

내일이 이렇듯 굳건한 대지 위를 찾아오리라는 것보다 더 확실한 게 뭐가 있을까 브라보 뱁새

굿모닝 티티새

그대는 아는가 저 남쪽나라를
이 노래엔 어린 시절의 동경과 성장기 목마름이 배어 있다네
따스한 남쪽나라
부드럽게 휘어진 해안선이며 짙푸른 하늘 야자수 그늘

그런데 우리 산야가 헐벗을 즈음 찾아오는
티티새 개똥지빠귀

벌레들이 떠나가기 전
하루해를 놓칠 새라 분주히 쏘다니지만
한 해에도 가장 추운 저녁
홀로 나뭇가지를 지키는

입춘이 지나고서
한파가 메마른 가슴을 할퀴기도 하는
이곳이 저 새에겐 남쪽나라라네 북에서 날아온 겨울

새

굿모닝 티티새

낙엽이 지는 개암나무 굴참나무 사이
빨간 열매가 건기를 넘기며 칙칙하게 말라가는 동안
가냘픈 어깻죽지로 산자락을 떠받치는 개똥지빠귀
그대는 아는가 이 남쪽나라를

파이팅 딱따구리

우리 마을 뒷산 솔밭은
척박한 땅에 뿌리 내린 탓에 소나무 꼴은 볼품이 없으나
그 그늘은 솔가리로 융단을 지어
마음 먼저 허리를 접게 한다
한데 땀을 식힐 사이 없이 공기 속을 뚫는 것
단음절로 정제된 딱딱한 것이 부딪쳐 반향하는 소리
나무에서 저런 강한 음이 만들어지리라곤 도무지 믿기지 않는
경질의 울림이 귀청을 때린다
고개를 돌려본 거기 고사목 둥치에서
나무를 쪼아대는 한 마리 딱따구리
깜냥으로 보아 심드렁해서 노닥거린다는 건 당치않고
품새론 허기 달랠 애벌레를 찾는 것도 아닌
정녕 단독자의 혈거(穴居)를 마련코자 노심초사하는 양이다
이 나른한 여름 한낮 일생일대의 공사에 착수했단 말

인가
  느닷없이 등골이 서늘해진다
  저같이 고단한 삶의 경영
  하룻밤 한 생애를 감당해 나감의 가파름이라니…
  아 우리는 적수단신인들 비이슬 가리는 처마 밑
  따스한 잠자리에 너무 가벼이 몸을 누여왔고
  대수롭잖게 허리 접고 펴가며 살아왔구나
  숲이라 부르기엔 시답잖은 우리네 야산 한쪽에서
  저 겨운 부리질의 숙엄한 현실
  파이팅 딱따구리
  우리 마을 뒷산서 삶터를 일구는

원더풀 가창오리떼

신명 하나로의 아름다운 율동이라니
길들여진 것이 아닌
생존을 위해 벌이는 비상이 아닌
저네들끼리 흥에 겨워 물결치는 저 원무(圓舞)를 보아

금강 하구 공중곡예를,
작은 물새 무리가 수놓는 무욕의 활력으로
거대한 정어리 떼가 경이롭게 바다 속을 휘저어가고
우주에선 은하계 별들의 불가해한 운행 에너지가 소용돌이친다

수만 파닥거림이 지어내는 춤의 광시곡(狂詩曲)
어지러워라 무한자유 한 덩어리라니

이 나라 스산한 개펄 풍경 위로
신들린 기운이 몰려 움실거린다
가난이며 한(恨)인들 그게 대수냐 듯 엊그제 일인 듯

원더풀 가창오리떼

비낀 노을이 섧기만 했던 서해안 가을 저녁
살아가며 맺히고 더께진 무거움일랑 털어버리라는
숨 막히는 군무(群舞) - 뭉게구름으로 피어오르는 것
하늘이며 바다도 그냥 우두망찰해 할 뿐인 저걸 보아

나이스 검은목두루미

세상살이 급할 게 뭐냐는 듯
느릿느릿 내딛는 품 마냥 누긋이
반나절이 스무나무 걸음이면 어떠냐는 양
이렇거나 저렇거나 하루 이틀 느직하게 보낼 마련인 양
검은목두루미 한 마리 논에서
무연히 서성거린다 이따금 실없이 겅중대기도 한다
잠시 날렵한 부리를 먼 산 쪽을 향해 치켜든다
날 저물더라도 나그네새에겐 머무는 곳이 정처(定處)다
바람조차 잠잠해져 만상이 숙연한 언저리
공복 따위야 나중의 몫인 듯
어스름에 묻혀드는 조용한 걸음짓
나이스 검은목두루미
바쁠 게 뭐냐는 듯
길쑴한 다리 천천히…

참나무 그늘에서

호암산 바위벼랑 아래 참나무들,
햇빛을 바라 저마다 고개 치켜세운
청빈의 둥치들이 군락을 지었네.
아스라한 하늘 향해
우듬지마다 탐스럽게 타래를 지은 잎사귀들,
미풍에도 흔들리네. 능청 흔들리는 가지는
부동의 사물이란
지상에 눌어붙은 것이라 말하는 양.

우리 주변에
저 건들거림같이 우아한 게 또 있을까?
내 혼은 뱃고동소리 더불어
뭉게구름 이고 두둥실 돛을 편다.
갈매기의 부산한 우짖음과
바람이 전하는 말이 귓전을 스치고,
사람 냄새로 넘치는 우리 동네며
살아감의 하중도 가뭇없이 멀어져만 가네.

참나무는 간고(艱苦)한 대로
녹음 한철 가지 끝 무성한 잎으로
출렁인다. 저런 조용한 몸짓으로
무엇을 일깨우려 드는 걸까?
묵음으로 꾸미는 평화로움이여,
여름이 가고 소슬바람이 불라치면
고대 잎을 털게 될 나뭇가지가
굳어진 것은 영속하는 게 아니라며
건듯 흔들림의 아름다움을 보여주네.

태풍경보 후

태풍이 할퀴고 지나간 뒤
몸 가릴 것 없는 야산 곳곳에
찢어지고 꺾이어지고 뿌리 뽑힌
아카시아, 소나무
넉장거리를 하며 나자빠진 은사시나무들

아카시아 질긴 뿌리도
믿을 건 못돼
활력 넘치는 은사시나뭇잎조차
하룻날 부지해 주기는커녕 외려 수명을 앞당겼어
오랜 세월 동안 부질없음이 판명된
기대처럼, 보장처럼

일진광풍이 몰아쳐
둘러치나 메치나 그런 판국이었다면
저렇듯 무디게 끝장날 밖에
허리뼈 무너져 앉을 밖에

햇빛과 이슬 속을 톺아 온
번들거림, 그 하나하나의 초월성이
어느 한 순간 단말마의 비명을 끝으로
여기 땅거죽 위
생짜 그대로 쓰러지고 말았느니…

낙엽 송誦

참나무 낙엽이 겹겹이 쌓였구나.
떨어져 포개 누운 것들
여기, 초록으로 넘실거리던
연대와 공동의 날
빛나던 활력이 가지런히 누워 있구나.
갈색으로 물들었으나 느물거림이 없이
콘트라베이스 음색을 띠고 있는 참나무 잎.
포연을 잠재우고 귀향하는
병사들의 발자국소리, 들리는가?
마침내 불멸의 대리석 전당으로 들어서며
개체로서의 숨결, 매 순간의 진정성이
금빛 새 떼로 날아오르는 것을.
어디든 지천으로 널려 있는가 하면
당도한 것이 보이는 저 안도의 빛깔,
그 보여줌과 보이는 것을 내 지금 보는구나.

제 2 부

오늘 부르는 노래

조짐

뭔가 치받치는 징후가 있다
머언 남녘으로부터
또 한강 너머에서
엷게 풀리는 안개 저편에서.
간밤의 꿈에
야생 무소 떼가 초원을 내닫는 발굽소리를 들었다.
날(日)은 미풍에 흔들리는 나뭇잎같이
가볍고 변덕스러울지라도
장벽을 걷어내는 훈풍은 불게 마련이다.
드러나게 될 역사는 예측 가능하고
무엇보다도 장대하게 위엄을 드러낼 것이다.
그것을 이루기 위하여
기다리지만 말고 만들어 가지라 하는,
작은 안간힘이 바퀴를 굴린다는
구체성을 띤 부추김이
축축한 바람결에 전해진다.
산자락을 휘감는 봄기운처럼, 또는
폭풍 속을 헤쳐 나가는 전함(戰艦)처럼.

물을 노래함 1

가장 본디 모양인 채
해 뜨고 달 이우는 세월에도 절지 않는,
방울방울 흩어지는가 하면
유연한 흐름 한 덩어리인
저 물빛을 보게나.

생명은 이처럼 투명하여
사물마다에 시간이 얼룩을 지우는 동안
서로 손잡아 달콤하게 껴안던 끝에
지금 이르러선
마치 흥겨운 춤을 추듯

시시때때 촉촉이 적시는 상관과
젖어들며 헝클어지는 것,
만났다가 별리하는가 하면
잊혀졌다 불현듯 떠오르는 이 지상에서
새삼 하늘 말갛게 담는 걸 보게나.

참 아름다워라
푸르스름하게 흐르는 저것,
허물리고 깨져서도
끊임없이 새롭게 이루어지는
한결같은 몸이면서 영혼이면서…

물을 노래함 2

- 내 안에 있는 너
네 속에 들앉은 나.
그것 아니고 무엇이라 하랴. 달리 말하면
모든 뿌리가 생기로워져 거듭거듭 태어나게 하고
곰팡이를 슬게 해 썩어 한 줌 흙으로 돌려놓는,
서리가 내리기 이전, 혹은 쌓인 한(恨)이 녹은 후의
어떤 드러냄 같은 것.
아니다. 그 청량함, 속을 훤히 내비치는
맑은 계류의 속살
가뭄의 거친 등가죽에 생비늘로 긋는 빗날,
또는 뇌성벽력과 모든 눈물과
일시에 곤두박질치는 그 무엇이다.
그것만은 아니다. 무엇이라 규정지을 수 없는
아늑하고 따사로우며 돌아오라는 손짓
모두어 품에 안는 사랑이라 부르랴.
- 네 안에 있는 나
내 속에 들앉은 너.

오늘 부르는 나의 노래

 당도한다는 건 닿는 것과는 다르다. 당도하다는 말에는 새벽별 아래에서 부르튼 발 뻗는 고단함과 추슬러 다시금 무르팍 세우는 안간힘이 배어 있다. 주저앉거나 돌아서긴 쉬우나 헐떡이며 박차고 나가기 위해, 돌관(突貫)해야 함과 재시도를 꿈꾸며…

 하늘 아래를 걸어가는 건 땅 위를 걷는 것과는 다르다. 앞서 간 사람의 전 생애의 소망이 일렁이고 그들 근심이 천근 무게로 누르는 시공을 머리에 이고 살아가야 한다는 건, 저 깊숙이 끓는 용암을 품어 안은 땅덩어리라 할지라도 그 위를 걷는 것과는 다르다.

 우리는 이 같은 원심력에 의해 오늘과 맞닥뜨린다. 신이 허락한 시간 속, 구름이 눈 시리게 피어오르는 하늘이며 안개와 돌부리가 있는 길, 산양 뿔 부딪치는 소리가 가파른 계곡을 흔드는 그 어딘가에 당도한다.

세상은 역시 둥글구나

윽다물면 그만큼은 나아가려니 싶겠지만
친구여, 헷갈리지 말게나
그때는 그만쯤을 잃고서야 거기 서 있게 될 걸.
걸음마를 시작한 아기는
그 경계 너머의 수렁을 모른 채
엎어질듯 발짝을 떼놓기 바쁘구나.
신이 지켜주는 평화로운 늪지에선
동틀 무렵부터 홍학 떼가 모여들어 부산스러우나
여린 새끼 가운데 어떤 녀석한텐
발목에 납더껑이처럼 들러붙은 소금덩이가
이 하루해를 가로막으리라.
일찍이 우리가 내팽개친 것들이
필경 자신을 괴롭히는 천적으로 돌아오게 마련인
이 세상에, 친구여 보는가
잃을 것이라곤 도무지 없을 아기가
막 돋은 생니를 드러내고서
무언가를 거머쥐려 한사코 손을 휘젓는 걸.

별똥별

별똥별 하나 떨어진다

나는 오늘 무언가를 붙안고자 기를 썼다.
애면글면 채우려다 쓴물을 삼키고 앙분만 키웠는데
앙알거림이 생을 조금씩 갉아먹는 들큼한 자해임을 깨닫지 못했다.
이제나저제나 가슴에 별이 떠오르기를 기다리는 사이

별똥, 금을 긋다

유성 한 개가 대기층에 꽂혀들며 온몸을 불사른다.
무슨 충동이 치받쳐 돌연 지구의 울안으로 흘러내리게 한 걸까?
모든 걸 깡그리 버리고 마침내 무(無)를 성취하려는 자기소멸에의 꿈이
저런 운신을 하게 했을까?

빛으로 잠적하다

세상에 거머쥔 것 집착하는 건 무어나 무겁고 끈끈한가?
 거기서 벗어난다면 저렇듯 명징하게 자신을 지울 수가 있는 걸까?
 광대한 어둠, 어떤 불가해한 미지가 있어 존재를 저처럼 태워 없애는 건지
 찰나의 반짝임만 남기는 섬광의 여운

 밤하늘에 별 하나 사위다

낙산 해변

파도는 잔잔한 바닷자락 어디쯤서 벌떡 몸 일으켜
해변으로 쏜살같이 달려와선
이내 무르팍 꺾으며 무너집니다. 맑게 갠 한낮
해면 곳곳에서 고개 치켜세우는 저 목울대!

지상에는
산기슭서 노루귀 하얀 꽃이 수줍게 피어나듯
희망이 설핏했다가는
저녁이면 사그라지는 일상이 되풀이됩니다.

억겁 물결에 부대끼면서 한결같이
젖고 생기롭길 거듭하는 백사장,
대자대비 천년 가람 낙산사는 화염에 휩싸인 끝에
순식간에 역사의 뒤안으로 굽이쳐갔습니다.

그때도 파도는 의기양양하게 내달아 와선
하릴없이 허연 거품으로 잦아들었습니다.
허망 한가지로.

끊임없이 낭패하는 것만이 불굴인 시지푸스의 세계여.

낙산 해변에는
파도가 기세등등하게 들이닥쳤다가
세상 경계에 맞닥뜨려선 실색하며 허물어지는 실경이
이날도 여일하게 펼쳐지고 있습니다.

미시령 지나며

미시령에 오른 사람들은
가쁜숨 고르는 중에도 무심코
능선 위로 솟구친 바위봉우리에 눈길을 보내네.
삶은 저 산기슭 아래, 그것도
산자락에서 한 마장쯤 더 떨어진 곳
빛바랜 세월,
구지레한 세간살이를 붙안고 있는데도 말이네.
사람은 청정한 바람 따라 살지 않고
속세 때 묻은 툇마루에서 가쁜숨을 돌려온 걸 잊은 걸까?
모두들 고갯마루에 올라서는
푸른 하늘의 무궁(無窮)을 쳐다보느라
시간이 흐름의 고마움을 허투루 여기네.
하루하루 시리게 보낸 통증이나
걸러내지 못해 억장이 무너지는 회한도
해 뜨고 달 지는 사이 바래져감의 지복을 깨닫지 못한다네.
미시령 등성이는

위만 바라 아등바등 올라온 이에게
이젠 산비탈 내려가 땀을 식히라고 말하네.

불가지 不可知

없는 듯 있으신 이

파죽지세로 치닫는 것에 힘을 보태고
추락하는 것에 영문 모를 생동함을 부여하는,

밝아오는 태양에는 비견할 바 없는 위엄을
야삼경 잠 못 이루며 입술 깨무는 설움에
더없이 서늘한 대기를 허락하지만

해변에 알을 낳고 돌아가는 바다거북의 지친 걸음과
알에서 깨 본향으로 내닫는 아기거북의 달음박질을
이제나 저제나 한 발 물러서 지켜보는,

한 바가지 찬 샘물을 들이킴 같으나
불길 가운데 불의 심지가 펄럭이는 걸 몰라라

하는 듯 있으신 이

가을 갈피를 뒤적이다

십일월이 깊어가는 저물녘
걸음 멈추고 뒤돌아보면
좋은 일은 의례히 반짝하는데 그쳤고
궂은일은 어김없이 겹으로 덮씌워 왔을지라도

서녘하늘 붉게 물들 때
여느 강변 호젓한 자갈밭 언저리엔
꼬마물떼새 한 쌍이 번차례로 알을 품으며
밤새울 채비를 할 게다.

수풀은 시들고
거기 고요가 깃들고

전망이 힐긋 눈웃음을 친다 해서
액운마저 제 걸음으로 비켜가지는 않는 법,
동트기 직전이 하루 중 가장 어둡고
한 해의 추위는 봄의 코앞에 닥친다는 것을
어렴풋이 깨닫게 되는

십일월의 끝자락
가을이 성급하게 무너져 가라앉는 철에도
찬이슬 내리는 새벽녘
눈부시지만 불확실한 불덩어리 하나가
자릴 박차고 떨쳐 일어서는 걸 볼 게다.

불가촉천민

또글또글 굴러다니는 요행 가운데 하나쯤
얻어걸리지 말란 법이 어디 있냐고?
얼씨구나 조호타! 제길, 깨몽 좀 하게나.
밤마다 자반뒤집기를 하며 잠을 설치고
비오는 날엔 으레 바짓가랑이가 젖는 그대,
그 둥구나무 밑을 벗어나면 번지수가 다르다구.
억울한 노릇이지만 짐작조차 못하는 사이
관찰당하고 있다는 사실을 그댄 모르지?
심술궂은 속내만은 용케도 감추는 세상에
오냐 오냐, 천지간 가득히 눈이 내리고 있다만,
눈은 공평하게 내리고 있다만
그대가 악몽을 두려워하는 눈치라도 보일라치면
보란 듯이 해가 서산머리로 똑 떨어져버리지.
그것 하나는 에누리 없지, 그치?

정적
– 임진강 시편 1

전방 초소 전망대에서
지척의 비무장지대를 바라보자
거기, 긴장이 굳어진 후의 더께 같은 것,
한랭한 고요는
우리가 이승에서 꼭 풀어놓고 가야 할
족쇄에 생각이 미치게 했다.

흐름이 멈춰버린
민둥산자락이며 풀색.

여름 한낮의 매미는
한 놈의 울음이 불씨가 되어
저네들끼리 찧고 까불어대는 동안
목이 따갑다.
사람들은 누구든, 모두
죽은 자에게 갚아야 할 빚에 얽매어 있어서
하루해 또한 따갑다.

그럼에도 오늘은
저 호젓하게 휘도는 임진강이
구두덜거리는 시늉이나 내 주었으면,
한계선 안의 미동도 않는 풍경이
우거지상이라도 지었으면 하는
바램이 불끈 솟구친다.

너무나 서늘한 철책선과
정지된 화면.

귓속말
– 임진강 시편 2

임진강이 진눈깨비에 젖고 있네요.
강은 진눈을 맞아 축축해진 양
북녘 기슭이 더 아득하게 바라보이네요.
그 강이 어스레한 하늘을 향해
새끼 양을 어미젖으로 삶아서는 안 된다고
쉰 목소리로 말하는 듯하네요.

강물은 서녘으로 흐르며
시린 살갗, 축축한 눈썹으로
아니야 아니야 도리질하네요.
무심히 발걸음 돌리는 이에게
콩을 콩깍지불로 볶아서는 안 된다고
코맹맹이 소리로 속삭이네요.

올해 대설경보가 내리기엔 아직 이른 때,
한발 앞서 내리는 진눈깨비로
임진강이 젖어서는.

임진강 가에서
– 임진강 시편 3

오직 하늘 한 자락을 담고 있어
이 산하와 아주 담쌓은 듯이,
마치 세사에서 버려진 듯 저 홀로인 강이
무념무상이지는 않다는 걸 내 알겠네.

융융한 몸짓에 등 돌린 임진강이
자신의 물그림자를 응시하며
조용히 휘돌아나가네. 유계(幽界) 저편마냥
고즈넉하게 잦아들어서는…

– 묻어두라! 돌아보지 말라!

저토록 깊이 가라앉을진대
이승의 시절이 안타까울 게 무어며
흐르고 끝닿는 하늘 길에
눈시울 슴슴할 일 없을 성싶지만,

완곡한 흐름 한편으로

죄는 달콤하나 죽을죄는 피해야 하고
폭삭 내려앉긴 할망정
공멸할 만큼 막가지는 말라고 내색하네.

기억 속에서
- 임진강 시편 4

내 노래는 저편 나루터까진 닿지 말아야 한다네.

 지금 바라보는 강은 과거나 미래의 모습과 다르지 않 겠으나 어느 한밤의 장면은 그냥 씻겨 흘러가버릴 수야 없겠지. 밤이 깊으면 임진강 고랑포 물빛은 검게 가라앉 게 마련. 전선이 요동친 그해 1.4후퇴 때의 겨울은 한결 냉랭했으리라. 강을 건너는 나룻배의 무명 흰옷 잠행인 들, 노인장 수염은 정적 속에 얼어붙고, 남정네 심장은 오그라들었겠지. 숨죽이며 젓는 노질, 물결 스적이는 소 리, 찰랑거림이 이내 콩 볶듯 할 총성으로 이어질 성싶 은 절체절명의 순간에 임진강은 실색했더니라.
 아낙네가 울음 터뜨리는 젖먹이 입을 언 손으로 틀어 막다가 황망 중에 품속 아기 얼굴을 물속으로 집어넣었 다지. 시린 비정의 컴컴한 어둠, 자궁의 양수와는 다른 차디찬 미궁 속으로… 어쩌자고 강물은, 겨울밤은, 또 피난길은 그토록 깊은 적막에 짓눌렸던 걸까? 어쩌면 그렇게 요지부동의 침묵으로 굳어졌더란 말인가? 일순 의 뒤척임과 가냘픈 경련이 물속으로 잦아든 저 망연자

실한 시간… 그때 강의 모습은 우리 과거의 무덤이자 또한 우리 미래의 엄정한 거울 아닐 것인가. 그것 아닐까?

내 여기 와서 오늘의 에밀레종소리를 듣고 있다네.

여울
― 임진강 시편 5

>   겨울 누런 안개 속을
>   수많은 군중들이 런던교 위로 흘러갔다.
>   나는 죽음이 저렇게 많은 사람들을 망쳤다고는 생각지 못했다.
>   ― T. S. 엘리엇의 「황무지」에서

아랫녘 여울에는
타는 단풍 뒤로 한 채
두 손 묶인 초췌한 행렬
지척거리며 건너가고

윗녘 여울로는
고향 등지고 온 목숨
싸락눈 아래 살붙이들
잡아주고 업히면서 건너왔다네

아, 금수강산
경중경기(鏡中京畿) 연천 땅 임진강에서

그 가파른 시간 오금저리며

동강난 사람들
발자국마다 눈물 찍고
돌아보며 울음 깨물었을진대

강은 세세대대로 흘러
동족상잔의 흔적일지라도
삭히고 삭혀
화석 한 덩이로 남아라.

제3부

어디서 뭉그적대나?

우리 곁의 우화

덩굴식물 새 순은 한없이 여립니다

고개를 치켜세움의 저 안쓰러움
빛을 좇아서 꼬물꼬물 뻗어나갑니다

덩굴손 하나하나 휘감김은 매 순간 시작이자
출발의 낱낱의 매듭입니다

간단없이 꼼지락거리는 소망을 보셔요

빗장을 열기 위해
무적함대나 정예군단의 힘이 필요한 건 아닌가 봅니다

미지를 향한 '보는 자'의 눈과
굼뜬 지속이 하늘 문의 걸쇠를 땁니다

빨간 우체통

 길가 우체통에 편지를 넣다. 햇살이 넘치는 한낮. 돌아서는 순간에 아, 여기가 이승이구나! 불현듯 밀려드는 살아 있음의 눈물겨움. 느닷없이 스치는 새 깃털 같은 감정의 흔들림이라니… 빨간 우체통 타지역 구멍으로 나의 진심 한 조각이 들어갔을 뿐이다.

 − 사소한 일
 일상의 대수롭잖은 한때

 빨간 우체통에 우편물을 집어넣고 돌아서자 무슨 기척이 발걸음을 잡는다. 고개 돌려본 거기, 봄을 맞은 가로수 꺼칠한 몸통에 수액이 오르는 소리가 들린다. 살아 있는 것들의 와중에 살아 있음을 느끼는 내 몸이 갑자기 부풀며 퍼덕거리기 시작한다.

 어두컴컴한 공동(空洞) 속에 나의 진실 한 조각이 들어가 파문을 일으킨 것일까. 서슬에 미동도 않던 땅이 용트림을 한다. 습지 산나리 꽃술에 눈많은그늘나비 한 마리 꿀을 찾아 앉는가 하면, 심해의 가오리들이 중생대의 새떼처럼 창공 저편으로 훨훨 날아간다.

　- 심상찮은 동요
　불시에 소용돌이로 치닫는다

복사꽃 필 무렵

- 그냥 해본 소린 아니겠지?
그녀 아리송한 입술보다 더 알쏭한 말
기연미연하지만 저 봄날 보라구

은어 떼가 물살을 거슬러 올라온다
휘파람새 재잘거림 귓전을 간지럽힌다
가슴 두근거림과 실낱같은 기대 사이
에멜무지로 또 믿어 볼밖엔…

산벚나무 사잇길 봄빛 비껴
기다리는 마음에
팔랑개비가 돈다 돈다

그때 알았어, 오고 있는 꽃을

어린 시절 동화 속에는
대패질한 버드나무의 촉촉함과 무른 나뭇결,
거기서 풍겨나는 상긋한 내음이 있지.
볕바른 데와 그늘이 시시각각 바뀌던 저수지의
수초 사이를 휘젓던 잉어의 거무스레한 등과
소택지 얼음장 밑으로 돌미나리가 볼이 퍼렇게 언 채
봄을 기다리던 풍경도 일렁이지.
매화나무나 산수유나무 곁을 지나칠라치면
가지마다 지난해 눈(芽) 자국이며
몽글몽글 꽃 타래 지었던 기억이 발걸음을 다잡아
생각 속에 꽃송이들이 움쑥움쑥 벌어지기도 하지.
바람 불어오는 저편에서 설핏했던 게
가망 따윈 젖혀두고라도 어떤 손짓이기나 했던 걸까?
무지개나 다름없을망정 희망이 빗금이라도 그었던 걸까?
고개 들면 삼밭을 빠져나온 날마다 으레 맞닥뜨렸던
아득한 하늘 자락, 그래서 마냥 을씨년스럽기만 했던

그때

　그래도 난 알았어, 어디선가 오고 있는 꽃을.

상사별곡相思別曲

나 선걸음에
그대 집 찾아가네.
바람을 불러일으키는 그대 머릿결, 햇덩이를 불끈 솟구쳐 올리는 귀밑볼, 세상의 모든 꽃들을 함초롬히 이슬 젖게 하는 그대 입김으로
나는 꿈꿀 수 있다네.
손에 잡힐 듯
미끈한 암반이며 물이끼며…
안개 자욱하여 마음속까지 젖게 하는
해질녘의 해조음.
흔들리지 않는 걸음걸이로 즈믄 밤의 노래를… 쏜살같이 내닫는 시간에 휩쓸려 사라지는 법 없이 하루 품도와 새날을 맞는 섭리처럼
그대 품속에서만
새벽빛 눈을 바라볼 수 있다네.
문을 열어다오, 그대 문전 지척에 왔느니,
늦을 새라 달이 차서
바다가 먼저 빗장을 열라.

상현달

까닭 모를 예감이 귀를 간질거린다
그런데 사랑은 어디서 뭉그적대나?

상현달이 걸렸다
조각배 달뜬 모양 구름 사이를 달린다

비를 머금은 바람은 목을 움츠렸고
바다에서 돌아오는 회귀어(回歸魚)
물속 드리워진 산그림자를 막 타고 오를 참이다

내 사랑, 눈이라도 멀었나?

상현달이 떠올라
만상은 생기 넘쳐 부풀고

화산 분화구는 터지기 일보 직전
빨아들이기만 했던 공허도 시방은 막무가내로 쏟아내는

이렛날 초경이 지나는데, 사랑이여
쉬어버린 기대마저 되살려내는 힘이
도처에 스멀거리는 밤이지 않느냐?

일촉즉발

파도가 겹겹이 밀려오는 듯한
쇄도일까
홈으로 파고드는 단기필마, 탱탱한
저돌일 것인가
밤 이슥한 기다림에는
말초신경마다 터럭이 곤두선다

울렁울렁 울렁이는 건
바다의 심장이나 오월 한낮만은 아니다
검은 아가리만도 아니다
햇볕에 번들거리며
무수히 잎을 나풀거리는 물푸레나무도…
이미 무너져 본 둑은
저 먼데서의 발걸음을 엿들을 수가 있다

찢겨지지 않는 걸 군기라 하랴
영웅은 전장에서 쓰러져야
영광스런 역사로 일어설 게다

- 여인이 살짝을 슬쩍 쓰다듬는다
생각에 잠긴 듯한 뜰은
자정 경계에서 한층 고요하다

무엇이 일어난다는 말인가?
그때 뒤꼍에서
제풀에 아주까리 열매가 툭 터진다
달빛조차 영문을 모르는 야밤
바람 기척도 없는 사이에…

애달픈 사랑노래

그대가 등을 돌린 날
내 눈엔 멀어져가는 그대 조붓한 어깨만 일렁였다.
시야 저편엔 그대 얼굴 비출 하늘거울이나
그림자 드리울 연못자리조차 없어
진심을 알아내긴 커녕
천지간 가득 흩날리는 눈발 속에 서 있는 양해서
그 무엇도 짚어낼 수가 없었다.
하지만 움츠린 그대 어깨에선
하나의 탑의 허물어짐과
파도가 지난날의 그루터기마저 쓸어가길 바라는
속내는 분명 비쳐났다.
어금니가 시려오는 이 인연의 천길 낭떠러지,
말문 막혀 마냥 자리에 얼어붙은 건
그대가 던진 마지막 말 한마디가
이 세상 말의 송두리째 곤두박질침이었으므로…
그대 등을 보이며 떠나간 날
길바닥을 울리던 발자국소리는
세상 모든 울림의 잦아듦이었으므로…

섬 그림자

섬 볕바른 쪽에선
바닷바람에 노란 유채꽃이 한들거리고

가파른 벼랑 끝에는
염소들 서서 무연히 수평선을 바라보고

그물 손질하는 아낙은 하루해를 뒤적거리나
붙들 곳 없는 마음 바다 어딘가를 헤맨다네.

고기잡이배는 달포 지나도 돌아오지 않는데
천지간 갈매기 떼 찢어질 듯 우짖고

섬 그림자 길게 드러눕는 남도 저물녘
얼굴은 가뭇없이 물길에 잠겨들고…

이면裏面으로

예사로운 들녘 어디서든
바닥을 타고 너풀대던 민들레
치솟은 꽃줄기마다 노란 꽃을 매달았다.
날이 설핏해진 무렵엔
찢겨진 잎은 바닥에 더 드러눕고
꽃잎은 새침해진다.
벌이 찾아주지 않아도 상관이 없다는 듯.
(이래서 이해는 오해의 불가결 조건이다)
사려 깊은 사람이라 할지라도
꽃이 피기까지의 저간의 사정,
암내 콧김을 풍기기 시작한 것의 들썩거림,
그 들척지근함을 연결시켜볼 수는 없을 테니까.
― 그녀가 몇 번인가 자신의 배를 그에게 밀어붙였으므로*

불쾌함에 휩싸여 발버둥을 쳤다 하더라도
이미 엎질러진 물이다. 때문에
교미 뒤에 모든 동물은 슬프다.**

꽃은 미상불
기억 저편의 흐리터분하고 칙칙한
성장기의 애매한 무의미에 걸려 있다.
민들레꽃이 수줍음 타듯,
때론 초연한 눈빛을 띠기도 하나
그 능청스러움은 희극이다.

*카프카의 장편소설 「아메리카」에서
**라틴어 Post coitum omne animal triste

창덕궁 소경小景

구중궁궐은 이제
가을 스산함으로 단장한다.
모든 퇴장에는 붉빛이 어린다.
왕조의 영화로움과
사각거리던 비단옷자락, 분내음이
저 단풍 빛깔이었던가?
적멸이 깃든 잔나무들 가지 사이-
어쩌면 보일 듯도 싶다.
세월의 때가 낀 동경(銅鏡)이며,
첩첩침방 섬돌 위를 스쳐갔던
희뿌연 달빛 부스러기며.
오랜 기억은 언제나 반투명 정감 속에 떠오른다.
부용정 언저리는 지금껏 아리따운 풍경 한가지나
가만히 떨어져 눕는 것,
포개어져 함께 가라앉는 것들.

떼떼굴
- 생에 관한 다각적 인식 1

예전 철없던 내 어린 시절에
떼떼굴 잘도 굴러 나오던 저것이
아기 포대기서 여전히 고개를 빼죽 내미는구나.
이 아이가 성년을 맞아 아등바등할 때
떼떼구르 떼떼구르 구르며 손에 잡힐 듯 잡힐 듯
- 필경은 멀어져가기만 할 것이면서.
그러고도 날 새면 새삼 얼렁거리든지
부지불식간에 슬며시 솟구치는
저게 무언지 무엇인지…
물밀 듯 덮쳐오는 새 세기에 떠밀려서도
떼떼구르르 떼떼구르르르,
결코 허공중에 흩날려 없어지거나
땅속으로 사그라지지 않는 채 나 잡아봐라 하다가,
세상이 마감을 할 때에야 비로소
구르르르 구르르르르 꼬리를 끌며
어두컴컴한 하늘 저편으로
마지못해 사라져갈 저것이.

무인도가 있어
– 생에 관한 다각적 인식 2

무인도가 거기 있어 바람이 들쳐 일어난다. 그 바람이 내게 살아가라 한다. 끝장이 난대도 끝난 건 아니라고, 끝이어도 내일은 있다고.

거친 바다가 무인도 하나 일으켜 세운다. 쓰러진 것을 일어서게 하는 바람이 가슴속에 한 점 따스함을 품고 살아나가라 한다.

– 창파 멀리
살을 깎아내는 시련을
묵묵히 참아 견디는 무인도

누군가의 가슴속에 품고 있는 따스함이 불씨가 되어 거친 바다 가운데서도 저 외로운 섬이 단꿈을 꾸리라.

그 꿈이 바람결 타고 와 세상에 끝이란 없다고, 끝장은 다른 하나의 시작일 뿐이라며 내게 다시 살고 노래하라 한다.

기상이변 앞에서
– 생에 관한 다각적 인식 3

영구동토층이 녹고 있단다. 그건 대안의 불이라며 젖혀두더라도 폴짝 뛸 일이 따로 있다. 언제 중심에 서기를 했으며, 언감생심 팔소매를 걷어붙인 적이 있었더란 말인가? 그런 주제꼴에 **겨냥의 타깃**이 되다니! 느닷없이 닥친 위기상황이다.

일쑤 겉돌기나 하던 터수에 단 한번이라도 내로라했던 시절이 있었던가 알아보라구. 한데 마른날 날벼락도 유분수지 터무니없게 **사정권 안**에 들다니. 지구 한편에서 만년설 빙하가 허물어져 내리는 것에 멍에를 질 까닭이 도대체 뭐냐구?

발등에 불이 떨어졌는데 다들 시치미를 뗀다. 초지가 급속히 사막화하는 판에 누굴 탓하며 가타부타할 수 없는 일이라고? 잘 나가며 떵떵거리며 살던 작자 놔두고 뒷짐이나 지던 사람을 되레 **표적으로 찍**는 건 무슨 억하심정이란 말인가.

묘책을 찾을 일이 급선무다. 아연, 해수면이 높아진다니 당장 **과녁에서 벗어나기** 위해 폴짝 뛰든가, 물구나무 재주를 부리든가, 말하자면 죽치고만 있을 게 아니라 죽이라도 쑤든가 어쨌든 발버둥을 쳐야 할 막다른, 절체절명의 순간이다!

이런 얼어죽을…

곤두박질
– 생에 관한 다각적 인식 4

형편은 순식간에 달라지는 거고
변화는 항상 난데없이 찾아드는 걸까?
봄날은 오래전에 지나갔다 치더라도
돌연, '이제부터는 안 되오'란 한 마디가
멀건 한낮의 우박인양 투투 탁탁 떨어졌다.
어제까지는 되던 것이 오늘은 안 되다니? 오오!
순간, 지금껏 믿어왔던 것이
가파른 벼랑 아래로 와그르르 무너져 내렸다.
쌓아온 관계는 곳간에 채워지는 뭔가가 아니더란 말인가!
– 아아니, 도리(道理)가 도리깨질을 하다니?
상대방은 조금도 건방 떨 뜻이 없다는 듯
이렇다 저렇다 군소리를 늘어놓고 있지만
이 순간 확실히, 칼날 같은 금에 의해
좋은 시절은 쪽박이 났다는 거다!
지칫거리다가는, 더 깨지락대다가는
시장보따리마저 내놓으란 말 들을는지 모른다.
꿈인가 생시인가, 그 어느 날.

해진 뒤
- 생에 관한 다각적 인식 5

산그늘이 스멀스멀 적셔들면서
시시각각의 낯섦,
어둑발이 두께를 더해 에워싸는 사이
억누르는 두려움에
산이 무겁구나. 모든 미지와 불가측이 쌓여서는…

산봉우리가 아득하게만 느껴졌던 지난 세월
돌아보면 땀이며 안간힘으로 얼룩진
길이, 어스레한
망각 속에 떨어져 누웠다.

자신의 눈높이 위를 바라지 않았음에도
어줍잖은 꿈과
작은 실망들에 거듭 들까불리며
먼 길을 걸어온 나그네가
어둠에 묻혀든다.

여럿과 더불어 함께였던 하나가

이제 홀로 내동댕이쳐져
뼈 시리게 덮쳐오는
낯섦 속에.

제4부

마음의 물무늬

신새벽에 쓰는 시

누이야, 내 바램은
끈질기게 휘감는 이 칙칙한 굴레에서 벗어나
한번쯤 따습게 살아봤으면 하는 거였네.
늘상 마주치는 날것으로의 환상이며
찌그러지는 현실은
정말 진저리처지니까.

- 이 바램마저 바람처럼 흩어져
기댈 바 없는 혼령이여

그래서일까, 시베리아 시린 풍경이 가슴으로 선연히
다가든다네.
쌓인 눈밭에 털 고운 담비가 뒹굴고
배고픈 야밤 부엉이가 찬 개울에서 물고기를 낚아채
는

저 청량한 한대(寒帶),
가공되지 않은 정결에
내 혼을 누인다네.

누이야, 지병처럼
내 등 뒤로 검은 강물이 흐르고
밤마다 애꿎게 시답잖은 꿈으로 잠을 설치나
나는 이 신새벽 깨어
눈꽃으로 치장한 산림지대
카랑카랑 빛나는 아침햇살을 꿈꾼다네.

향수

무심코 바라본 창밖 하늘이
아찔하게 드높아졌구나. 이내
냇가에 늘어선 버드나무 위로 시퍼렇게 펼쳐져
마냥 어금니 시리게만 했던 내 어릴 적 궁창(穹蒼)이
절로 되새겨지네.

넌덜머리나게 후터분했던 날씨 끝에
일순 서늘한 바람이 불어 오장육부를 씻어낸다.
그렇지, 여름이 무너져가고 있거니
까닭 없이 눈시울 슴벅거리게만 하던 고향 들녘이
눈에 어른거리네.

내 마음에 파문이 일며
불현듯 서늘해질진대

며칠 지나잖아
그곳 떫은 감에는 홍조가 번져나고
시냇물은 마냥 쪽빛을 띠게 되겠지.

여직 늦더위가 뭉그적대도
고향 대기는 이미 숙숙(肅肅)해져
아침저녁으로 공연히 가슴 뭉클해지겠지.

영산에서의 전언통신

영산 중턱엔
정상에 오르지 못한 수많은 꿈들이
주검으로 질펀하게 널려 있다.
거센 눈보라가 꿈을 꺾어놓았겠지만
쌓인 눈이 또한
주검을 망각 속에 떨어져들게는 하지 않는다.

꿈이란 종래엔 저처럼 주저앉고 마는가?
허연 흔적으로만 남는가?
하지만 지혜로운 이는
산의 정상에 오르지 못할 운명의
그 시퍼런 꿈이
산봉우리를 높이 솟구쳐 올렸다고 말한다.

영산 오르는 길에
사람들은 비그은 후 걸린
무지개를 황홀하게 바라본다.
저것이 지난날 꿈의 잔해인지

산봉우리를 구름 위로 치솟게 한 그 무엇인지
그건 여전히 알지 못한 채
무연히 바라본다.

오, 멀찌감치 떨어져선 볼 수가 있다네.
지쳐 어느 한 순간 쓰러진 꿈자락과
시퍼런 하늘로
선명하게 걸려 있는 무지개와…

단경왕후端敬王后*의 짧고 행복한 한때
- 단경왕후 시편 1

> 여기는 어쩌면 지극히 꽝꽝하고 못 견디게 새파란 바윗속일 것이다.
> 날센 쟁기날로도 갈고 갈 수 없는 새파란 새파란 바윗속일 것이다.
> —서정주의 「무제」에서

환한 대낮이라면 차마 나앉기 두려운 마루 끝으로 잠시 나와 보았습니다.
기구한 생을 보해 주신 사갓집 뒤꼍
기우는 햇살자락 설핏 비쳐든 탓일까
선고(先考) 혼령 앞에 향촉을 피워 올렸으면 하는 염원 절절하였습니다.
무심히 오동나무 무량한 잎새에 눈길을 던지나
생목숨인지라 생목숨인지라
불현듯 천길 벼랑 너머,
해일이 가로막는 이승 담장 너머의 존안을 죄짓듯 우러른 성싶습니다.
이 무슨 망령든 한때이오리까
저는 살아 죽은 목숨이고
죽은 채 살아가는 처지 아니오니까.

그런 퍼렇고 퍼런 해질녘 또 이 무슨 망측한 노릇인지요.
그 잠깐 스친 햇살의 따사로움에 끌려
제풀에 눈꺼풀 스르르 감겼던가,
자잘한 꽃들 질펀한 풀밭에 치마 펼쳐 앉아
아주 한가로이 수틀을 잡고 있는 게 아니겠습니까.
꿈속에서 당찮게도 십장생 수를 놓고 있지를 않겠습니까.

*조선조 11대 중종의 첫 왕후 신씨(愼氏). 중종반정에 등졌던 아버지와 숙부가 반정을 주도한 세력에 의해 죽임을 당하고, 자신은 왕비 책봉 수일 만에 폐위되는 화를 입었다. 훗날, 영조 연간에 복위되어 단경왕후로 봉해졌다.

단경왕후 생시 여느 하루
- 단경왕후 시편 2

> 아, 여기는 대체 몇 만리이냐. 산과 바다의 몇만 리이냐.
> 팍팍해서 못 가겠는 몇만 리이냐.
> —서정주의 「무제」에서

인왕산 자락 큰 바위에 눈여겨보신 홍상(紅裳)을 펼쳐두었습니다.
예거기 사이가 비록 몇천 리라 한들,
인연을 갈라놓는 시절이 몇만 리라 한들
짐작해 보시면 그 치마, 애오라지 친견하신 그 다홍색이옵니다.
살아온 나날 가운데 묻어둘 게 이 한 가지일까만
저의 옷고름 풀어주실 적에
그냥 꿈인가 생시인가 싶더니,
이렇듯 궁궐 쪽 바라보면서도
어찌 꼭 같은 한마음이란 말입니까?
아, 무심한 속내 비춰볼 거울이 천지간 어디에 있을까!
그때에 심지 곧추세워
아니오, 그건 아니 되오 하며 버티지 못하셨다 하더라

도,
 떠밀려 어찌하실 바 없었다 할지라도
 그 따습던 정, 그날의 쨍쨍한 햇볕은 어디 다른 세상의 것이옵니까?
 눈과 눈, 보여주는 것과 보이는 것이 여일하리라는 소망 하나로
 대명천지 하늘 아래 대명천지 하늘 아래
 신첩의 옷가지를 여기 애완히 펼쳐놓았습니다.

봄날, 폐비 아뢰옵기를
– 단경왕후 시편 3

이런 망극한 일이라니, 누옥(陋屋)엘 납시었다고!
이제나 저제나 움츠러들고, 어디랄 것 없이 살얼음판 지경에
아으, 시퍼런 날 위 건너뛰시고
오색 무지개 나래로 구름 너머 오셨던가?

정녕 이 부르심 꿈속 아니라면,
버선발인들 살같이 내달아
눈물, 마를 줄 모르는 이 눈물로 발막신 닦아드리리.

황망 중에 머릿결 가다듬고 앞섶 여미며
마음 먼저 엎어질 듯 엎어질 듯

그러나 폐비께오서 얄궂게도 대문 사이하여 아뢰옵기를,
"종묘에 고하시고, 이천만 백성에게 복위를 선포하신 다음 아니면 배알할 수 없사옵니다"*

목이여 목울대여 피멍울이여

허구하게 사위어간 잿불, 기다림에 지새운 별빛
아, 세사 모두가 부질없어라 부질없어라.

*중종은 폐비를 잊지 않았던지, 대군과 부부인(府夫人) 시절의 애틋했던 금슬을 생각
 하고는 불시에 옛 처가를 찾았다가 문밖에서 말머리를 돌렸다는 설이 전해진다.

폐서인廢庶人 중년기의 독백
- 단경왕후 시편 4

자시(子時)가 가까워 옵니다. 이 무렵이면 여느 처소마다 촛대며 화등잔에 불이 꺼집니다. 하룻날을 접더라도 캄캄하게 마련인데 오랜 세월의 야속함에 의지가지없는 심신이 절로 허물어져 내립니다. 무너지는 소리, 깊은 안전(殿) 어디라도 들리지 않을 리 만무합니다.

도화수 맑은 물소리 귀 적실 양이면 행여나 싶어 궐쪽 바라보고, 기러기 북녘을 날면 으레 가슴이 미어졌사옵니다. 원앙 그림엔 눈시울 시큰해지고, 백년해로란 말만 들어도 심장 금이 가옵니다. 금상께오서 이제라도 윤음 내리시면 그 금시발복이 어디 미치겠습니까?

번거로움 담쌓고 침수(寢睡)에 드셨다 한들 꿈속에서 들으시게 속삭이옵니다. 저간에 신첩의 복위를 두고 호남 지방관들이 상소한 후 모두 귀양살이에 처해졌다 하더이다.* 어찌 저들 민초의 보은과 오로지 군신지간 도리를 다하려는 충절을 모른 체하셨단 말씀입니까?

제 가친께 가해진 흉사에 은연중 상심하셨고, 제왕의 정실이 폐출됨을 참담히 보셨던 그 진정은 해 가고 달이 가도 바래지지 않을 것이옵니다. 애끓는 마음 억누

를라치면 하늘이 울고, 사무치는 애절함 전코자 해도 바람벽에 부딪혀 스러져갈 따름이니 이를 어쩌오리까.

  인연 한사코 떼어놓는 팍팍한 여긴 도대체 어떤 세간(世間)인가 삼가 여쭈옵니다.

*중종 재위 연간에 계비 윤씨가 원자(훗날의 인종)를 얻은 후에 세상을 뜨자, 순창군수, 담양부사 등이 반정공신들의 사감(私感)에 의해 억울하게 폐위된 첫 왕비 신씨의 복위를 상소하였다가 모두 귀양에 처해진 바 있다.

저녁나절 일경―景
― 단경왕후 시편 5

뜨락의 봉선화 채송화가 빛을 잃은 사이
선연히 목을 치켜세운 국화꽃 한 송이,
저녁상 미음그릇 비우고 뜰로 내려서던 신비(愼妃)*
하얀 꽃잎과 마주치곤 황급히 눈길 거두다.
지존께오선 구만 리 장천 너머, 돌아오지 못할 귀천 몇 해째이건만
어인 기망인가, 얼른 뒷산으로 고개 돌리다.
산자락은 벌써 이내(嵐氣)로 푸르스름하고,
이런 해질녘 무명 옷깃 여미며 서 있노라면
사람 사는 한 생애에 불벼락인들 쓸개즙인들,
피 토하며 하얗게 지샌 밤인들 그냥 일렁이다 사라진 시절일 뿐.
돌이어라 돌처럼 돌아들 앉고
바람도 기신거리기만 하는 속절없는 이승에서 새삼 사무칠 일이 무엇일까.
오, 청산이 능(陵)으로 귀한 본분을 세우고
깊고 따스운 기로써 백골 세세토록 평안케 한들, 평안케 한들

그 또한 꿈 한 자락과 무에 다르랴.
언뜻 이 무슨 망발인가 싶어 실색하면서도
오랜 세월 번민으로 씻긴 눈언저리는
섬돌에 달빛 스친 듯, 연못 위 야삼경 가로지른 듯.

*신비는 반정공신 실권파의 압력에 밀려 자신을 폐위시킨 중종이 계비 두 분을 잇달아 맞아들이고 승하한 후, 13년을 더 살았으나 신원설치(伸寃雪恥)하지 못한 채 생을 하직했다.

묘비명
— 단경왕후 시편 6

> 해도 저물어 / 땅거미 끼는 제 //
> 鐘이야 될 테지, 되려면 될 테지. / 깨지면 깨진 대로 얼얼히 울어
> — 서정주의 「무제」에서

지옥 한 철을! — 뼛속까지 시린 집안 풍비박산에
폐비께오서 말문 닫고 평생 가슴앓이로 기척하시더니
실금 같은 명줄, 살아생전의 한숨 마찬가지로 사그라져서는
삼동설한 야밤 문풍지 파르르 떠는 소리로 울음 운다 하더이다.

노을 앞에서

내 부끄럽고 후회해야 할 빚은 모두
세상을 떠난 이에게 지고 있구나.
때문에, 뻔뻔스럽다는 자책일랑 묻어두고
나 그저 번번하게 살아가는지 몰라.

생은, 시내를 건너며
같은 물에 발을 두 번 담글 순 없다네.

세월에는 이끼가 앉게 마련일까
지붕 위 덩그런 박덩이만 남겨두고
잎이며 넌출이 시들어간 그 저녁참에
나의 청순한 영혼도
저무는 해에 묻혀 갔을는지 몰라.

– 밤하늘 별빛은 새치름하고
들녘엔 야생의 푸르께함이

죽은 이에게 진 빚은

살아 있는 동안에 갚아야 할 일이므로
긴 여름날도 짧기만 한,
그 한 가지엔 발이 거듭 빠져드는 곳에서
나 지금 서녘 노을을 바라보느니.

하현달

흔들리지 않는 땅 위서 나는
지구가 돌고 있다는 걸 느끼지 못했다네.
세상 돌아가는 모서리,
혹은 평형감각의 부실로 인해
이따금 어지럽긴 해도.

깊어가는 가을밤
벌레 울음소리를 들으면서도
나는 정작 그 울음의 뜻은 알지 못했다네.
계절이 기우는 서슬에
가슴께가 아련히 저리긴 해도.

너무나 잘 안다고 여겼던 건
실은 모르고 지내왔던 걸까?
몰라도 그만이라며 지나쳐 왔던 건
이미 알고 있어서였던가?
그 틈서리 어느 사이에 하현달이 떠
산그림자가 발치까지 밀려들었다네.

심경

전날의 얼룩이 시시때때 상기되는 건
시간이 딴죽을 걸기 때문만은 아니다.
더러 챙겨가져도 좋을 순간들은
그 상쾌함으로 인해 하늘 어딘가로 날아가고
언짢았던 기억은 그 추레함 탓에 묻혔다가
때 만나 싹을 틔우는 건지

기회에는 어김없이
어깃장 놓기 일쑤라 치더라도,
또 매사가 뒤틀리는 건 놔두고라도
불시에 낯짝이 화끈해지는 과거 한 순간,
세월이 그 쪽으로 생각을 옭아매는 걸까
아니면 마음이 닳아 얇아진 탓일까.

결코 친할 수 없는 저 헤살질이
주변에서 일상 흘낏거린다.
시간의 수레바퀴, 정말 모를 일이다
잊어버려도 그만일 장면 떠올려

마음 구중중하게 만드는 까닭을
사람과 저것을 섞어놓으면
그런대로 세상이 웬만큼 드러난다.

흐린 날

어허, 살다 살다 웬 험한 꼴이람
내 형세가 언제 남의 입질에 오르내린 적 있으며,
삼동 한때 아랫목이 자글자글 끓기나 했다고
이리 생난리 치느냐?

어쩌자고 내게 달라붙느냐?
저 미쳐 날뛴 세월의 적의 같은,
어허, 이놈아
이것 놓아라, 놓아라!

원 이런 낭패라니!
내 일찍이 이웃 누구 하나 기인바 없고
챙기고 덮어두고 하는 세속에서
눈 씻고 봐라 아무하고나 척진 일 있었던가?

세상천지 뒤집히질 작정 않고서야
억장이 무너질 이 경우라니!

무지렁이 찰거머리 같은 이것아,
이러지 좀 마라
엉겨들지 말고 제발 내게서 떨어져다오
아이구, 생사람 잡으려 들지 마라.

삽화 1

그 아지매를 두고 어지간히 입방아를 찧어댔다.

얼굴 밴밴한 값 하는 게지.
그러면 눈을 화들짝 치뜨며
"에고, 우짜야 돼" 몸을 틀었다.
누가 들을세라 귀엣말로 소곤소곤
정에 헤픈 게지.
그러자 눈썹 세모꼴로 세우고는
"머라카노? 아이구…" 하얗게 질렸다.

그 아지매는 어쩌자고 동네방네 구설수에 올랐을까.

아니 땐 굴뚝에 연기 나랴.
뜬소문이 밥물 끓듯 하는 걸 눈치 채고
"와카노? 와, 와?" 그예 눈에 핏발이 섰다.
그러고도 사람들 숙덕거림 여전해서
손바닥 하나로는 소리 날 리 없지.
마침내 풍선 터지듯이

"남 죽는 것 못봐 그캐쌌나?" 벌렁 나자빠졌다.

이후 아지매에의 이러쿵저러쿵은 세월에 묻혀갔다.

삽화 2

장터 초입께의 묵집 아즈마이,
멀쩡한 사람 잘두 잡는데이.

날은 덥고 목이 출출한 대로
갈길 잘 가는 사내 홀려들게끔
"보소, 도토리묵 한 사발 묵고 가이소."

시도 때도 없이 인정 두루 쓰는 듯이나
그러지 않으면 도리 아닌 듯이,
제 것 공짜로 주는 듯이나

그것도 단칼에 그치지 않고
목소리조차 한결 나긋하게 깔며
"마, 사발막걸리 한 잔도 걸쳐 보이소."

장터 초입께 묵집 아즈마이,
졸지에 사람 기 팍 죽여놓데.

청자모자원형연적
– 국보 제270호

마음 함께 비취빛이었을
고려ㅅ적 웬 사내
햇볕 좋은 봄날
전대미문의 연적 하나를 구워냈다네.

그의 심성 하 익살맞아
사철 양반네 머리맡에 놓일 그것
그 시늉만으로도 장난기 진득 묻어나는
앙증맞은 잔나비상을,

사내 심사 또한 따스하여
그것도 새끼 보듬은 원숭이 모양을,
애오라지 천진스럽고 정감 하나인
저 청자모자원형연적(靑磁母子猿形硯滴)을 구워냈다네.

– 저것 보아, 저것 좀 보아!
어미 정수리로 부어넣은 물이

새끼 뒤통수께로 흘러나와
먹물을 간다 미소가 번진다

삼짇날 저물녘,
비색(翡色) 이내 같은 것이 설핏한가 싶더니
남녘마을 선비 마음을 적셔
인연 굽이굽이 강물 짓느니.

세모에 서서

이 저무는 시간
가슴속 붉은 꽃잎이 하나 둘 떨어져
흐르는 물살에 떠내려간다네.
한 해의 막바지
정신의 정원에서 잘 익은 씨앗들이
불어오는 바람결에 실려 가듯이.

지구 저편 어디쯤
떠내려간 내 꽃잎들로
삭풍의 서슬이 누그러뜨려질까
풍매의 그 씨앗들이
해변의 유칼리나무를 무성하게 할까.

서녘 하늘자락을 물들이는
우련한 산화(散華)여
숨가쁜 순응이여

세모의 저 노을은

저렇듯 자신을 사무치게 불태움으로
지상의 어둠 너머
소망하는 마음들 위로
빛부신 햇덩이를 떠오르게 할까.
불쑥 떠올릴까.

⟨시작 노트⟩

시작에서의 이런 저런 시도

〈생에 관한 다각적 인식〉에 대해

시인은 무의식중에라도 현대 혹은 현대성에 유념하게 마련이고, 그것에서 자유로울 수 없기에 시 창작에 임해선 모름지기 자기 방식대로 작중에 그 점(현대 혹은 현대성)을 드러내려 할 터이다. 어느 철학자가 '현대 이상으로 인간에 관해서 각양각색으로 많은 것을 안 시대도 없었지만, 한편으로는 실상 현대 이상으로 인간을 모르는 시대도 없었다. 현대처럼 의심스런 눈으로 인간을 바라본 시대는 일찍이 없었다'라 한 지적은 이에 대한 기발하고 예리한 진단일 게다. 특히 끝 문장은 정곡을 찌르는 말이다.

내가 생각하는 현대는 신의 위상과 영향이 현저히 약화된 반면 기계문명과 재화가 그 자리를 대체한 시대로 요약할 수 있겠다. 따라서 위의 인용문을 차용해 말한다면 이렇게 뭉뚱그려 볼 수 있지 않을까? 즉, 현대 이상으로 물질(재화)에 대해 숭상함과 동시에 풍요를 누린 적도 없었지만, 한편으로는 현대 이상으로 물질에 지배당하며 인간성이 왜소해졌던 적도 없었다. 현대처럼 재화를 공포의 눈으로 바라본 적은 일찍이 없었다, 라고 말이다. 현대인의 불안, 고독, 정신적 상실감은 여기에 비롯된다고 해도 과언이 아니리라.

　나는 시작(詩作)에 임해서 특정 주제나 소재를 두고 일관된 모색을 보여주는 이른바 연작이란 것을 초기에 「고전과 생모래가 뒤섞임의 고뇌」라는 제목으로 여섯 편을, 그리고 중기에 〈백두산 시편〉, 이 근래엔 〈임진강 시편〉 연작 각 다섯 편씩을 발표한 적이 있다. 이번엔 〈생에 관한 다각적 인식〉이란 명제로 다섯 편을 써서 한꺼번에 묶어 내놓게 된 건 나로서는 퍽 의미 있는 일이다. 시를 창작함에 있어 지금껏 이 정도로 거듭거듭 시어를 고치고 시행을 다듬었던 적이 없었던 만큼 공력을 들이기도 했다.
　매 편에선 어쩌면 비관적 인생관이 설핏 비친다고 할 수도 있으리라. 사람은 운명적으로 태어날 때부터 희망이나 어떤 목마름에 끈끈하게 매달렸다가는 번번이 헛물을 키는 게 상정이고(「떽떼굴」), 예측 불가능한 가운데 어느 순간 배척·차단당함으로써 나락에 굴러 떨어지는 숙명에서 벗어날 수 없는(「곤두박질」) 나약한 존재이다. 또 선진 제국이 부를 향유하며 낭비한 대가를 후진국인 아프리카의 가뭄과 남미의 자연훼손으로 치르고 있는 실정이다. 불을 지핀 당사자는 화액과 무관한데 반해 애꿎은 주변인이 그 폐해를 고스란히 뒤집어쓴 채 앙앙불락하는 부조리(「기상이변 앞에서」)는 현대에 이르러 위험수위로 치닫는 양상이다.

언제부턴가 나는 문학에서의 현대성 추구는 표현기법 면에 있어서 역설과 아이러니, 풍유(諷諭), 익살과 유머의 확충이 주요한 방편이라는 생각을 품게 되었다. 근년 시집 「아름다운 날들」에서 의도적으로 그런 면에 치중한 작품이 적지 않다. 유머를 두고는 밀란 쿤데라가 누차 강조했으며, 오늘날 주목받는 중국작가 모옌(莫言)이나 위화(余華)의 작품들이 괄목할 만한 성과를 보여주고 있다. 우리 정서에도 '바람아 강풍아 석 달 열흘만 불어라'든지, '죽어도 아니 눈물 흘리우리다' 같은 맛깔스런 역설로 풍미를 더한바 있지 않은가?

이 연작에선 느닷없이 타깃이 되어 폴짝 뛸밖에 없는 사내가 '물구나무 재주를 부리든가' 따위 바보스런 성정과 어눌한 항변, '더 깨지락대다가는/시장보따리마저 내놓으란 말 들을는지' 몰라 곤혹스러워하는 장년의 처지 같은, 그런 국면을 제재로 삼아 시에서는 생소한 편인 어투를 시험해 봄으로써 나의 궁리를 대신해 보았다. '떽떼굴'이란 음절의 장난기와 음운 변화가 보여주는 해학성, '죽이라도 쑤든가' 같은 반어 또한 그런 시도의 일환이다.

〈시로 여는 세상〉 2011년 겨울호

시 쓰기와 살아감의 딜레마

 주위에서 그나마 내게 관심을 갖는 사람들은 내 시 경향에 대해 시무룩하다 못해 매우 못마땅하다는 내색을 짓곤 한다. 시가 어렵고, 세상을 바라보는 시각이 지나치게 부정적이라며 혀를 끌끌 차기 일보직전이다. 긍정적으로 살아가는 사람에겐 복이 점지되게 마련이지만 낯을 찌푸리며 사사건건 볼을 멘다면 부는 봄바람 앞에서 문을 걸어 닫는 꼴 아니냐는 빈정거림이 묻어난다. 꼭 말로 표현한 건 아니지만, 시란 읽는 이의 심금을 고즈넉이 적셔주든가, 또는 일시적이나마 행복감을 안겨줘야 마땅하다는 기대를 감추고서…

 그때마다 팔을 걷어붙이고 일장 시론을 펼치고 싶으나 데면데면키만 해 우선은 삭히고 말지만 어쩐지 서운한 마음은 접혀들지 않는다. 시란 살가워선 안 되는 멍에를 지고 있다구! 우선은 이렇게 항변하고 싶으나 실인즉, 내 시편의 빛깔이 칙칙한 건 사실이고 인생살이의 모서리들을 시쁘게 여기며 애를 끓이는 국면이 적지 않은 건 숨기기 어렵다. 이는, 여러 사람들 입에 오르내리기도 한 내 데뷔작 「내 이렇게 살다가」에서 이미 그런 싹

이 엿보이기도 했다.

> 가을은
> 졸음이 육신 속을 스며들듯
> 나를, 시들은 잔디 사이
> 고요한 모랫길로 끄을고 가는데
> 끄을려가는 발자국에 진탕물이라도 고여
> 내가 지나간 표지라도 되었으면…

그런데, 시집 「아름다운 날들」의 해설을 쓴 이형권은 글 서두에서 이런 견해를 피력하고 있다. '이 시집은 현실과 내면의 아름다움을 주시하는 낙천주의자가 부르는 생명, 혹은 사랑의 노래들로 채워져 있다. 이 시집의 많은 시편들은 인생의 긍정적 측면을 노래할 때는 물론 어두운 현실이나 고뇌어린 내면을 노래할 때에도 인생에 대한 긍정적 사유, 혹은 낙천적 전망을 놓치지 않는다. 이런 까닭에, 이 시집을 읽으면서 세계와 인생이 궁극적으로 선한 존재로 보았던 라이프니츠의 낙천주의 세계관을 떠올려 보는 것은 자연스럽다.'

위 시집의 수록 시편 중 하나인 「한 낙천주의자의 가을보기」에서 나의 작시 포인트는 생의 난센스까진 아니더라도 우리 인성 속에 도사려 있는 비속함을 패러디로, 우스꽝스런 해학성으로 표현하고자 했던 것인데, 평가(評家)는 '그렇게 짐을 지고 살아가는 삶에 대해 고통스럽다고 생각하지 않는다는 점'을 지적하며 나를 일컬어 긍정적으로 사유하는 낙천주의자로 규정키도 했다. 연부역강했던 시기에 「투창」과 「낮은 목소리」를 상재할 적의 내 시 쓰기를 염두에 두면 이 평론가가 살핀 성향은 어쨌거나 짐작조차 해볼 수 없었던 측면이라 이를 만하다. 한데, 그는 나의 다른 점을 밝혀내고 있는 것이다.

이 세계는 여일하게 움직여 나가고 있는데 내 내면에는 그 사이 화학적 변화가 일어나 대상을 인식하는 눈이 변했단 말인가? 앞의 해설을 다시, 또다시 숙독하며 자문해 본다. 나이가 쌓인 동안, 나에게 낯선 언어, -이를테면 '희망'이라 말할 땐 으레 '신물이 나는'이란 수식어가 고물 묻히듯 덧붙여지고 했던 것이 다른 의미망을 띠게 되었고, 익숙하지 않은 에스프리가 가당찮게 불멸의 관념에 상도키도 하는 그런 상태로 변모하게 되었단 말인가? 얼굴을 찡그려야 할까, 아니면 몰래 웃음을 지어야 할 사안인가?

또, 시인 조창환이 나의 시세계를 조명하는 글에서 다음과 같은 문장을 보여주었다. '신중신은 생을 긍정하는 자세로 바라보는 시인이다. 그는 인간의 생이 지닌 운명이 유한한 지상의 존재로 끝나기를 거부한다. 그는 이별이나 슬픔, 아픔이나 고통을 지닌 인간존재의 비극성을 인식하되 이를 넘어서는 영원에의 지향을 강하게 희구하는 태도를 보인다. 그것은 자연 안에서 느껴지는 섭리의 깨달음이기도 하고 생명의 존재 안에서 발견하는 황홀과 기쁨이기도 하다.(《생명의 신성성과 불멸에의 꿈》에서)'

나는 이형권이 내 시집을 두고 '낙천적인 전망을 놓치지 않는다'라고 지적한 덕담과, 조창환이 근간의 내 시선집을 거론하며 '세계를 신의 계획된 설계 하에 움직이는 것으로 파악하는 가톨릭적 세계관으로 설명할 수 있다'는 해석을 액면 그대로 받아들일 만큼 순진하진 않다. 그러나 그를 외면할 만큼 아둔하지도 않다. 왜냐하면 내가 이 어려운 시대를 조금은 나은 어떤 경지로 견인해 가는데 역부족이란 걸 잘 알고 있다는 면에서 그러하고, 그렇더라도 이런 지적이 글머리에 적은 내 주위 지인들의 불만을 겸연쩍게는 하리라 기대되는 점에서 또한 그러하니까.

이번에 발표하는 다섯 편은 위에 열거한 여러 요소,

논란거리를 대변할 수 있는 시편들일 성싶다. 아니, 그게 좀 거창하게 들린다면 내가 편력해 온 나의 시 쓰기와 살아감의 구분 지어짐과 그 표상이 웬만큼은 드러날 터이다. 「연어」와 「낙산 해변」은 생의 안간힘, 허무, 부정적 안목에서, 그리고 뒤의 「브라보 뱁새」와 「상현달」에는 긍정과 사랑의 노래에서 크게 벗어나지 않겠기에. 중간의 「불가지」는 제목이 암시하는 바대로 그 사이의 변화를 '알 수가 없는' 점에서 나의 인식은 아무래도 나의 정신세계를 지탱하는 가톨리시즘과 동떨어질 순 없을 게다. 이 신작 다섯 편이 내 생애 관념의 대척점(對蹠點)과 그 딜레마를 공히 쓸어 담고 있음은 분명하다.

〈현대시학〉 2012년 8월호

〈단경왕후〉 연작시에 대해

  나는 젊은 시절부터 우리 집안 선대 비운의 왕비 —다시 말해서 근세 조선조에 고모 조카 간에 연이어 왕실의 정비(正妃)에 오른 두 분 중, 특히 중종비(단경왕후)에 대해 시적인 관심을 잿불 다독이듯 기울여 왔더랬다. 그로부터 수십 년의 세월이 흐른 후인 올 초봄, 시 한 편의 원고 청탁이 있어 궁리하던 중에 뜻밖에도 그 제재가 흡사 제 걸음으로 찾아오듯 해서 작품으로 만들어졌다. 그뿐만 아니라 여름이 다 가기 전에 후속편이 꼬리를 물고 총총 모습을 나타냈다.

  첫 번째 시편 「단경왕후의 짧고 행복한 한때」가 어느 순간에 문득 착상되고, 별 고심 없이 술술 풀려난 것은 내 시 창작의 상궤에서 매우 예외적인 경우라 하지 않을 수 없겠다. 아마도 첫 행인 '환한 대낮이라면 차마 나앉기 두려운 마루 끝으로 잠시 나와 보았습니다'라는 구절이 떠올랐던 게 그 단초가 되었을 성싶다. 둘째, 셋째 편 역시 쉽게 완성되더니, 세상사가 으레 그렇듯 그런 요행은 거듭 되풀이되지 않는다는 걸 환기시키기나 하듯, 이 세 편에 이어 쓴 시편(발표시에 시리즈 5와 6번이

된)은 마음에 차기까지 수많은 퇴고를 거듭해야만 했다. 그러니까 4번 시편 「폐서인 중년기의 독백」은, 위의 다섯 편으로 마감을 지으려 한 즈음에 전체의 구성상 (왕비의 초년기와 노년기 사이) 긴 세월의 공백을 건너뛰는 게 석연찮은 점이 있어 내친걸음에 중년기 속마음을 독백 형식으로 작시하여 뒤늦게 끼워 넣은 것이다. 작품으로 구현하기엔 난망할 것 같았던 이 제재가 이처럼 넉 달쯤 사이에 집중력을 얻어 수확을 보게 된 것은 어떻거나 무의식중에라도 뒷정리를 하고 싶은 내 연륜과 무관하지 않을 성싶다.

  이 연작시편에서 나름대로 애쓴 점은, 근세 조선조의 아주 암울하며 피바람을 불러일으켰던 반정의 여파로 참혹한 지경에 내던져진 한 왕비의 입지를 조명해 보고자 했던 것이고, 그러자니 연대기에 따라 여인의 내면에 소용돌이친 이러저러한 심리상의 굴절, 생피가 잉잉거리는 시절과 생채기(심려)가 덧쌓인 끝에 은은한 진주빛을 띠게 된 체념의 만년에 이르기까지의 추이를 시행으로 표현해 보려 노력한 점이다. 국모인 왕후로 책봉된 지 며칠 만에 사화(史禍)를 입고 폐서인 신분으로서 본가로 돌아온 이후, 20대의 조신(操身)함과 애면글면했던 심사, 그리고 60대를 넘기면서 생을 체관한 경지에 이른 심경 변화는 우리의 눈길을 끄는 인생유전 그 이상이겠다.

처음 세 편은 신비(愼妃)의 선친(가문)에 대한 애절함과 지존(부군)을 향한 목이 타는 감정이 교차하는 극적 장면에 초점을 맞추었다. 〈단경왕후〉 연작시의 촉매제가 된 첫 편은 처지가 급전직하하여 황망 중 사가에 칩거해 있던 시기의 전반적인 정황을 갸륵하고 한껏 움츠러드는 목소리로 전하려 한 시편이다. 그러한 와중에서도 복위를 갈망하는 적극적인 몸짓(「단경왕후 생시 여느 하루」)과, 왕과의 잠시 회우가 성취될 순간에 한 발 주춤 물러서는 반전(「봄날, 폐비 아뢰옵기를」)의 에피소드는 항간에 전해 내려오는 설화에서 취했다. 이 두 편의 행간에 소용돌이치는 격정은 범상스러움을 뛰어넘어 희랍비극을 연상시키는 국면이지 않을까 하는 생각을 가져보기도 한다.

그런가 하면, 「저녁나절 일경」이 보여주는 정일감(靜逸感)은 앞서의 끓는 정념과는 판이하게 착 가라앉은 토운이 아닐 수 없겠다. 세계문학사에서 기구한 운명과 매정스런 인정세태 표출에 관심을 쏟은 건 자연주의 계열의 작가들이었다. 이의 중심에 섰던 염세주의자 모파상은 출세작 「비곗덩어리」와 단편 「목걸이」에서 숙명적으로 헐뜯기고 내동댕이쳐질 밖에 없는 여인의 초상을 통해 자신의 문학성향인 시니시즘(cynicism)을 비정하게 그려낸 한편, 대표작 「여자의 일생」에서는 여주인공 잔느가 평생 세파에 시달리던 끝에 생의 황혼기에 이른 어느 날, "따지고 보면 인생이란 남들이 생각하는 것처럼 그렇게 즐거운 것도 불행한 것도 아니군요" 하고 담담하게 술회함으로써 전작 두 편과는 다른 각도로 인생의 철리에 접근한다. 이에 비해, 적막한 저녁나절에 뜰로 내려선 조선역사의 우리 실존 인물은, 타의에 의해 쫓겨난 첫 비(妃)를 어떻게 해보고자 하지도 않은 채 세상을 뜬 중종을 떠올리며 '오, 청산이 능(陵)으로 귀한 본분을 세우고/ 깊고 따스운 기로써 백골 세세토록 평안케 한들, 평안케 한들' 하고 먼산 바라보듯 혼잣말을 남긴다.

시 형태상에서나 표현기법에 있어서 지금까지 묵묵했던 자세와는 달리 미미한 시도이나마 애써 꾀해 보기도 했다. 앞서 예시한 이 연작 첫 편의 첫 행은 지극히 현실적인 산문체 진술로 말문을 열었지만, 마지막 편의 마지막 행 '삼동설한 야밤 문풍지 파르르 떠는 소리로 울음 운다 하더이다'(「묘비명」)는 고졸(古拙)한 맛을 느끼게 하는 언어감각과 율격을 보이는 만큼의 변화를 보여줌도 그 한 예겠다. 의도적으로 문장 단락을 두 번 반복함으로써 의미를 강조하는 곳이 여러 군데인 점 역시 전날엔 관심을 두지 않던 기교이다. 때마침 새 시집을 준

비하고 있던 터라 〈단경왕후〉 시편의 완결은 뭔가 미진하게 여겨졌던 부분을 보완해 주는 듯해 여간 기꺼운 게 아니다.

상 현 달

지은이   신중신
펴낸이   박정애
펴낸 곳   출판사 옛길
등록   제 399-2014-000033호
주소   경기도 남양주시 두물로 39번길 38, 401호(별내동)
E - mail   violetbleu@hanmail.net
Blog   Http://blog.naver.com/paths2014
전화   031-571-0563
팩스   031-572-0563
표지디자인   이정은
본문 편집 및 인쇄   상신기획
제 1판 제 1쇄 2015년 3월 12일
값 8,800원
ISBN   979-11-952780-2-2

"너희는 길에 서서 보며 옛적 길
곧 선한 길이 어디인지 알아보고
그리로 가라 너희 심령이 평강을 얻으리라"
(예레미야 6장16절)

※ 이 출판물은 저작권법에 의해 보호를 받는 저작물이므로
   무단전재와 복제를 할 수 없습니다.
※ 이 도서의 국립중앙도서관 출판예정도서목록(CIP)은 서지정보유통지원시스템
   홈페이지(http://seoji.nl.go.kr)와 국가자료공동목록시스템
   (http://www.nl.go.kr/kolisnet)에서 이용하실 수 있습니다.
   (CIP제어번호 : CIP2015007479)

※ 잘못 만들어진 책은 구입하신 곳에서 바꿔드립니다.